Calendario dell'Avvento per le ragazze

–

24

storie ispirazionali

per ogni giorno dell'Avvento

Messaggi forti per avere maggiore coraggio e fiducia in se stessi – Un regalo per ragazze speciali

edizione 2021 Ottobre
ISBN: 9798496694520

Email: lottamai@buch-autoren.de
Impronta:
Lotta Mai
c/o Werneburg Internet Marketing
und Publikations-Service
Philipp-Kühner-Straße 2
99817 Eisenach
Design: M.M. Photography
Bilder: Shutterstock.com
Photography

Lotta Mai

Calendario dell'Avvento per le ragazze

–

24

storie ispirazionali

per ogni giorno dell'Avvento

Messaggi forti per avere maggiore coraggio e fiducia in se stessi – Un regalo per ragazze speciali

Indice:

Benvenuti nel calendario dell'Avvento

24 piccole storie di incoraggiamento ti aspettano, ogni giorno fino a Natale, e addolciscono l'attesa. Ogni giorno puoi leggere messaggi motivanti che ti incoraggiano ad essere te stessa, così come sei. Perché sei fantastica, sei semplicemente molto speciale. Questo calendario dell'Avvento ti accompagna ogni giorno e ti aiuta a credere sempre di più in te stessa. Ti mostra quanto sei amabile e meravigliosa.

In questo libro scoprirai una ragazza meravigliosa, cioè TU!

Calendario dell'Avvento per le ragazze

1. Dicembre

Sono amabile

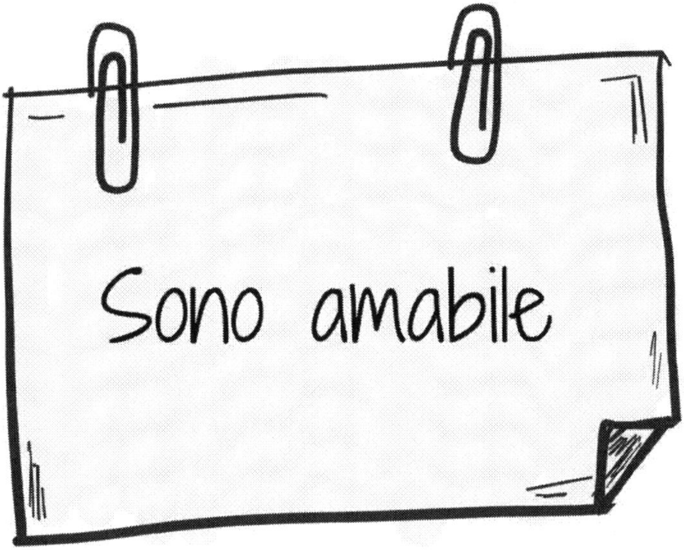

Sono amabile

Sei una ragazza grande, forte e amabile. Non dimenticare mai quanto sei meravigliosa.

Meriti di essere amata qualunque cosa. Vali infinitamente di più. Meriti di essere felice e di essere trattata bene.

A volte dimentichiamo quanto siamo amabili. Per questo periodo d'Avvento, una bella frase ti aspetta ogni giorno per ricordarti quanto sei fantastica e unica.

Se c'è una frase che ti piace particolarmente, puoi scriverla su un pezzo di carta usando colori vivaci e poi appenderla al tuo specchio, alla porta della tua camera da letto, accanto al tuo letto o sopra la tua scrivania. Ogni volta che passerai davanti la nota, questa ti ricorderà la frase che hai scritto. Con il tempo, avrai radicato alcune di queste frasi, così potranno accompagnarti per sempre nella vita.

2. Dicembre

Mi è permesso avere dei sentimenti

Mi è permesso avere dei sentimenti

Anticipazione, gratitudine, eccitazione, curiosità - riesci a ricordare l'ultima volta che hai provato questi sentimenti? Ti ricordi come ti hanno fatta sentire? Ci sono sentimenti di cui le persone sono felici perché ci fanno sentire bene e possono motivarci.

Ma tutti proviamo anche sentimenti come nervosismo, delusione, rabbia o tristezza a volte. Molti sono meno felici di questi sentimenti perché non li fanno stare bene in quel momento. Molte persone cercano persino di sopprimere questi sentimenti.

In realtà, però, questi sentimenti sono importanti quanto quelli belli.

Perché solo chi può provare delusione è anche in grado di avere grandi aspettative su se stesso e sugli altri o di provare anticipazione. Se sei colma di rabbia, questo sentimento ti dice che i tuoi limiti sono stati superati.

Non cercare di sopprimere i tuoi sentimenti. Nemmeno se pensi che questi non siano buoni. È giusto e va bene provare i sentimenti. Perché i sentimenti vanno e vengono. La prossima volta che ti sentirai arrabbiata, nervosa o triste, consentiti di provare questi sentimenti. Non combattere il sentimento, accettalo semplicemente perché sai che è bello averlo. I nostri sentimenti ci rendono umani. Tutti i sentimenti alla fine se ne vanno e lasciano il posto ad altri più piacevoli.

3. Dicembre

Mi godo i bei momenti della vita quotidiana

Mi godo i bei momenti della vita quotidiana

Quando è stata l'ultima volta che ti sei fermata e ti sei goduta il momento o sei stata felice per qualcosa che hai appena vissuto? Concediti diversi momenti così belli ogni giorno durante questo periodo di Avvento.

Ci sono così tanti momenti belli nella nostra vita quotidiana. Cose che ognuno di noi prova, che sono completamente gratuite e che dobbiamo solo notare e godere veramente.

Per esempio, quando il sole splende sul tuo viso in una fredda giornata autunnale o invernale e ti riscalda. Oppure quando uno sconosciuto al semaforo ci si sorride in modo amichevole per un momento. Quando ti metti comoda sul divano in una giornata uggiosa e ti godi una calda tazza di tè. Quando vieni abbracciata dai tuoi genitori, o quando incontri una buona amica e fai una bella conversazione con lei.

Se fai attenzione, ti verranno in mente molte esperienze e cose di cui essere grata e di cui godere. Cerca di sentire quanto ti senti bene in quei momenti.

Se lo fai ogni giorno durante l'Avvento, col tempo noterai quanto sia bello fermarsi ancora e ancora!

4. Dicembre

Mi merito degli amici che mi fanno sentire bene

Mi merito degli amici che mi fanno sentire bene

Greta e Vera stanno passeggiando nel parco. Le due amiche hanno un gelato in mano e parlano della loro giornata. Greta racconta a Vera che oggi a scuola ha parlato con Anton, che lei trova molto simpatico.

In quel momento un ragazzo viene verso di loro, con un grosso cane marrone al guinzaglio. "Parli del diavolo", sussurra Vera.

"Ciao", dice il ragazzo e sorride a Greta. "Ciao Anton", dice Greta. È un po' imbarazzata e non sa cosa dire. "Cosa fai qua?", chiede finalmente.

"Devo portare a spasso Charly", dice, facendo un cenno con la testa in direzione del suo cane. Le orecchie di Anton sono leggermente rosse. "Io devo andare", dice e sorride ancora una volta a Greta. Lei lo segue ed è contenta che Anton le abbia parlato per la seconda volta quel giorno.

La sua gioia, però, viene rapidamente smorzata. "È stato imbarazzante", dice Vera. "Era logico che stava facendo una passeggiata". Guarda la sua amica con una risata. "Non preoccuparti, tutti fanno domande stupide a volte".

Greta è infastidita da se stessa. Vera aveva ragione, la sua domanda ad Anton era stata davvero stupida. Molto probabilmente ora anche Anton la trova imbarazzante e fastidiosa.

Il giorno dopo Greta va a trovare sua nonna Ilse. "Dopo la mia domanda imbarazzante di ieri, Anton sicuramente non pensa più che io sia brava", dice Greta in modo triste e racconta a sua nonna ciò che la sua amica le aveva detto il giorno prima.

Nonna Ilse si acciglia. "Gli amici dovrebbero farti stare bene. E sono felici per te quando ti succede qualcosa di bello. Ti senti spesso male con te stessa dopo aver parlato con Vera? Se dopo i suoi commenti pensi spesso che hai detto qualcosa di stupido o sei troppo sensibile, allora forse non è una buona amica. Ti meriti dei buoni amici!".

5. Dicembre

Merito di essere trattata bene

Merito di essere trattata bene

Sei una persona fantastica, vali infinitamente di più e meriti di essere trattata bene dagli altri.

Non ci sono circostanze che possano cambiare ciò. Anche se non piaci a qualcuno, non ha il diritto di trattarti male o di essere cattivo con te.

Tutti commettono errori e a volte possono fare cose che gli altri trovano divertenti, fastidiose o magari anche dolorose. Se ti rendi conto di aver commesso un errore, è bello chiedere scusa. Ma anche in questo caso, non va bene che qualcuno sia cattivo con te.

Meriti di essere trattata con rispetto, di essere ascoltata e di considerare i tuoi sentimenti. Se senti che i tuoi amici o i tuoi genitori non ti trattano bene, parla con loro e spiega come ti senti.

6. Dicembre

Non voglio essere cambiata

Non voglio essere cambiata

Ti è permesso di essere esattamente come sei. Probabilmente ci saranno momenti in cui non sarai completamente felice con te stessa. In altri momenti magari preferiresti essere qualcun'altra. Tutti dubitano di se stessi a volte e pensano di non essere belli abbastanza, non abbastanza interessanti o non abbastanza intelligenti.

E purtroppo ci saranno sempre delle persone estranee che ti diranno che dovresti cambiare, che dovresti comportarti in modo diverso o forse anche pensare in modo diverso. Ma tu sei fantastica così come sei. Non lasciarti cambiare!

7. Dicembre

Amo me stessa

Amo me stessa

Quali persone nella tua vita ami veramente? Molto probabilmente stai pensando ai tuoi genitori, ai tuoi fratelli e forse anche ai tuoi nonni. Forse hai anche un amico che significa molto per te.

Ma ami anche te stessa?

È bello che ci siano altre persone nella tua vita che ami e che ti amano. Ma forse è ancora più importante che tu ami te stessa. Solo le persone che amano se stesse possono essere presenti in modo adeguato anche per i loro simili. Pertanto, non è affatto egoistico che tu ami te stessa.

Tratta bene il tuo corpo. Cerca di ascoltare ciò di cui ha bisogno. Quando il tuo corpo ha bisogno di una pausa o quando ha bisogno di prendere una boccata d'aria. Va bene fare uno spuntino ogni tanto. Ma parte dell'essere gentile con il tuo corpo è assicurarsi di dargli pasti sani.

Oltre al tuo corpo, dovresti sempre trattare bene la tua anima, il tuo io interiore. Questo a volte può essere ancora più difficile che essere buoni con il proprio corpo. Perché si tratta di come parli a te stessa, di quali pensieri hai.

Sii sempre consapevole di quanto sei meravigliosa. Cerchi di ascoltare ciò che dice la tua voce interiore quando commetti un errore. Se vuoi parlare amorevolmente a te stessa, allora dopo un errore puoi dire qualcosa come "Questo succede a volte. So che posso farcela!".

Parla in modo amorevole a te stessa. Continua a ricordarti quanto sei fantastica. Perdonati per gli errori commessi e sii davvero orgogliosa quando hai successo.

8. Dicembre

Io sono importante

Io sono importante

Svenja ha due sorelle minori e un fratello maggiore. I suoi genitori sono molto impegnati. Ogni giorno, il fratello di Svenja vuole essere portato a giocare a calcio o a visitare gli amici. E le sue sorelle vogliono sempre che il padre dia loro qualcosa da mangiare o legga loro qualcosa.

Per Svenja va bene che non sia spesso al centro dell'attenzione. Anche se i suoi genitori a volte si preoccupano più dei suoi fratelli, Svenja sa di essere amata. Sa di essere sempre importante per i suoi genitori.

Sua madre si prende del tempo ogni sera per metterla a letto. Allora Svenja può sempre parlarle della sua giornata e dei suoi amici, e di tutte le cose che la preoccupano in questo momento. La madre di Svenja poi la ascolta sempre attentamente e le dà dei consigli. Prima che Svenja si addormenti, sua madre la prende in braccio e le dice: "È bello che tu esista!”.

Svenja sa anche che può sempre andare da mamma e papà quando non sta bene. "Tu sei importante!", le dice sempre suo padre.

9. Dicembre

Mi è permesso essere di cattivo umore

Mi è permesso essere di cattivo umore

Maja e Leon aspettano fuori dalla casa della loro amica comune Petra per andare a scuola con lei. Come di consueto, ci vuole qualche minuto prima che Petra esca finalmente di casa.

"Cavolo Petra, ci fai sempre aspettare e poi dobbiamo sbrigarci per arrivare in tempo a scuola", dice Leon e guarda Petra con fastidio. "Scusa", dice Petra. Ma quando Leon distoglie lo sguardo, mormora all'orecchio di Maja: "Leon è di nuovo scontroso". Anche Maja trova le frequenti attese a volte sgradevoli, ma preferisce non dire nulla alla sua amica.

È l'ultima settimana prima delle vacanze e oggi la signora Kaiser parla a Maja e a tutti i suoi compagni di classe individualmente. "Sei un'allieva molto piacevole", dice, rivolgendosi a Maja. "Quando ti do i compiti, la maggior parte dei tuoi compagni di classe brontola. Solo tu hai sempre il sorriso sulle labbra". Maja è molto orgogliosa delle lodi ricevute.

A casa, a pranzo, racconta a suo padre le parole del suo insegnante. "La signora Kaiser ha ragione", dice e prende in braccio sua figlia. "È davvero bello che tu sia sempre di buon umore. Ma sai cos'altro è importante?

Che lo mostri anche agli altri quando sei arrabbiata o non ti senti bene".

Maja non capisce esattamente cosa intenda dire.

"A si è infastiditi, delusi o arrabbiati. Va bene se dimostri queste sensazioni agli altri. Se la tua amica ti fa spesso aspettare a lungo, allora le fai un favore dicendole che ti dà fastidio".

"Ma non voglio essere scontrosa", dice Maja pensierosa.

"Va bene essere scontrosi per un momento. Dovresti rimanere sincera e amichevole con le altre persone. Ma ti è permesso essere di cattivo umore a volte e non devi fingere per gli altri".

10. Dicembre

Mi è permesso di essere "ragazza" quanto voglio

Mi è permesso di essere "ragazza" quanto voglio

Ci sono ragazze che amano indossare vestiti rosa e altre che non sopportano questo colore. Alcune ragazze (e anche ragazzi) amano i brillantini, i vestiti e giocare alla principessa. E altre ragazze preferiscono indossare i pantaloni e vestirsi da cavalieri, pirati o poliziotti. Ad alcuni bambini piace giocare con le bambole e saltare la corda. Altri preferiscono giocare con le macchine e giocare a calcio. Alcune ragazze scoppiano a piangere in un attimo. Per altre, le lacrime non devono nemmeno esistere.

Così come sei, sei fantastica. E ti è permesso di essere come vuoi tu.

Ci sono persone che pensano che le ragazze debbano comportarsi in un certo modo e avere un certo aspetto. Forse qualcuno ti ha detto che non sei abbastanza femminile, o forse che ti stai comportando troppo da ragazza.

Non c'è bisogno di ascoltarlo. Non importa come ti vesti, quale taglio di capelli ti piace, come ti piace giocare o qual è il lavoro dei tuoi sogni - sei giusta così come sei. E tu sei perfettamente "femminile" così come sei.

11. Dicembre

Sono meravigliosa così come sono

Sono meravigliosa così come sono

Riesci a immaginare un mondo in cui tutte le persone sono uguali? Un mondo in cui tutti avevano lo stesso aspetto, erano bravi a fare gli stessi compiti e amavano fare le stesse cose? Un mondo del genere non sarebbe incredibilmente noioso? Il problema in questo mondo sarebbe anche che tutte le persone litigherebbero perché tutti vorrebbero svolgere lo stesso lavoro.

Per questo motivo, è importante per il nostro mondo che tutte le persone siano diverse. È ok se non ti piace tutto di te stessa. Ma non dimenticare di amare le qualità che ti rendono unica. Perché è importante che non siamo tutti uguali, non abbiamo tutti lo stesso aspetto, pensiamo allo stesso modo e siamo bravi nelle stesse cose.

Sei meravigliosa così come sei! Non hai bisogno di cambiare per nessuno.

12. Dicembre

La vita è gentile con me

La vita è gentile con me

Lina sta avendo una brutta giornata oggi. Già di mattina, andando a scuola, deve aspettare all'infinito ad ogni semaforo per poter attraversare la strada. Quando apre la sua scatola del pranzo all'ora dell'intervallo, vede che il papà ha messo una salsiccia disgustosa nel panino. Tornando a casa, calpesta una pozzanghera con i suoi bellissimi stivali nuovi.

A casa getta il suo zaino sul pavimento. Sua madre si acciglia e le chiede: "Cosa ti succede?.

Lina racconta a sua madre del semaforo, del panino con la salsiccia e della pozzanghera. "Ho sempre tanta sfortuna!" dice arrabbiata.

Sua madre la prende in braccio. "Va bene essere arrabbiati quando ti succede qualcosa di stupido. Ma sei sicura che la tua giornata sia stata così brutta? Non era bello il tempo stamattina? Non ti sei goduta il sole mentre andavi a scuola?".

Lina ricorda come il sole le scaldava il viso la mattina mentre aspettava al semaforo. E poi quando era passata davanti al piccolo stagno, l'acqua aveva brillato meravigliosamente sotto i raggi del sole.

Sua madre sorride. "A volte prestiamo troppa attenzione alle cose spiacevoli della nostra vita. Va bene essere arrabbiati per esperienze stupide. Ma quando trascuriamo tutti i momenti belli, a volte il nostro cattivo umore non se ne va affatto".

"Pensa a quanto ti sei divertita con papà questa mattina", continua la madre di Lina. "Pensa alle belle conversazioni che hai avuto con i tuoi amici a scuola. Abbiamo tutti così tante cose nella nostra vita di cui essere grati. Se prestiamo più attenzione a quelle, a lungo andare saremo di umore migliore".

Lina ripercorre la sua giornata con la mente. Mentre lo fa, sorride sempre di più. Sua madre la bacia sulla fronte e dice: "La vita è bella, vero?”.

13. Dicembre

Non devo accontentare tutti

Non devo accontentare tutti

Qualcuno ti ha mai detto qualcosa di cattivo o hai sentito qualcuno parlare male di te? Deve aver fatto molto male. Sfortunatamente, tutti vivono queste situazioni più e più volte.

Nel corso della vita ti renderai conto che non è sempre possibile accontentare tutti. Ad alcune persone non piace quando qualcuno è troppo tranquillo, altre sono infastidite quando qualcuno è troppo rumoroso. Alcune persone si irritano se qualcuno è troppo ambizioso, altre disapprovano se non si è abbastanza determinati.

Non riuscirai mai ad accontentare tutti. Incontrerai sempre persone a cui non piaci molto e che non sono disposte a cambiare la loro impressione su di te, qualunque cosa tu faccia. Questa è una perdita per queste persone. Perché non hanno l'opportunità di conoscerti con tutti i tuoi lati migliori.

Non devi accontentare tutti. Pertanto, non devi preoccuparti se alcune persone pensano male di te. Tu stai bene così come sei.

14. Dicembre

Mi è permesso di parlare tanto e poco quanto mi piace

Mi è permesso di parlare tanto e poco quanto mi piace

Johanna e Clara sono amiche molto diverse.

Johanna ama molto parlare. Le piace di più quando molte persone la ascoltano allo stesso tempo. Le piace anche iniziare a chiacchierare con persone che conosce appena. Per contro, non le piace affatto stare da sola.

A Clara piace stare da sola di tanto in tanto. Le piace anche parlare. Ma solo con le persone che conosce bene e preferisce parlare con i singoli amici piuttosto che con troppe persone contemporaneamente. Quando gli estranei cercano spontaneamente di coinvolgerla in una conversazione, spesso non sa cosa dire.

Le due amiche frequentano due classi diverse. Ma poiché vivono nella stessa casa, tornano sempre a casa insieme dopo la scuola.

Oggi, entrambe le ragazze sono un po' depresse. "Mi trovi davvero irritante?" chiede Johanna. "Lennart me l'ha detto oggi e ha anche detto che sono troppo rumorosa e che voglio sempre essere al centro dell'attenzione". Le parole avevano davvero colpito Johanna, anche perché non era la prima volta che qualcuno le diceva una cosa del genere.

"Questa è una sciocchezza bella e buona", disse Clara. "Sei sempre di buon umore con te. A volte vorrei essere un po' più come te". Anche lei ha avuto un'esperienza piuttosto spiacevole oggi. "Oggi, durante la pausa, mentre parlavamo dei nostri fine settimana, Sarah improvvisamente si è girata verso di me e ha detto: "Non vuoi dire qualcosa?" "In quel momento, non sapevo davvero cosa dire".

"È pazzesco come non si possa accontentare la gente", dice Johanna. "Tu parli troppo poco, io parlo troppo - entrambe le cose non possono essere giuste!" disse ed entrambe le ragazze scoppiano a ridere. "Direi che stiamo entrambi bene così come siamo", dice Clara. "Possiamo parlare tanto o poco quanto vogliamo!"

15. Dicembre

Sono molto speciale

Sono molto speciale

Esistono molti milioni di ragazze in tutto il mondo, ma c'è solo una ragazza che è proprio come te. Sei unica e molto speciale. Nessun'altra persona al mondo è esattamente come te, ama le tue stesse cose o ha i tuoi stessi pensieri. Esisti solo una volta, quindi sei molto importante!

Nella nostra vita quotidiana, è facile dimenticarsi quanto siamo speciali. A volte ci paragoniamo agli altri e dimentichiamo che nessuno è esattamente come noi.

Pertanto, non dimenticare mai che sei molto speciale e che avrai un percorso unico nella vita.

16. Dicembre

Sono bella

Sono bella

C'è qualcosa del tuo corpo che non ti piace? Allora sei come la stragrande maggioranza delle persone nel mondo. Quasi tutti abbiamo qualcosa che non ci piace di noi stessi. E se qualcuno non vede alcun difetto in se stesso, questo non significa che sia impeccabile; significa solamente che è riuscito ad amarsi così com'è. Perché nessuna persona al mondo è perfetta.

Sono proprio le cose di noi che sembrano diverse dalle altre persone che possono renderci eccezionali. E chi vuole essere come tutti gli altri?

Va bene non amare tutti i difetti di se stessi. Ma il tuo corpo, compresi i suoi difetti, è un qualcosa che dovresti sempre amare. Prova a ringraziare il tuo corpo ancora e ancora per il fatto che puoi vivere con esso, vivere cose con esso e muoverti nel mondo. Tratta il tuo corpo con amore, assicurati di non chiedergli troppo e concedigli delle pause di tanto in tanto, e ricorda sempre che sei bella!

17. Dicembre

Posso fare tutto quello che voglio

Posso fare tutto quello che voglio

Ti è mai capitato di non pensare di poter fare qualcosa? Che volevi realizzare qualcosa, ma a un certo punto hai perso il coraggio? Tutti si sentono così a volte. Il bello è che possiamo imparare a credere in noi stessi. Allora possiamo ottenere tutto ciò che vogliamo veramente.

A volte ricordarci perché vogliamo fare qualcosa ci è d'aiuto, in modo da trovare nuovo coraggio e continuare a lottare per raggiungere il nostro obiettivo.

A volte, però, la voce cattiva nella nostra testa è troppo forte e ci dice che non possiamo farcela. Allora è bene se ci ricordiamo che possiamo fare tutto ciò che vogliamo.

Quando è stata l'ultima volta che sei stata orgogliosa di te stessa? Quando hai fatto qualcosa anche se all'inizio ne avevi paura o pensavi di non poterla fare? Quando è stata l'ultima volta che hai sorpreso gli altri?

Se ci pensi su, puoi ricordare molte situazioni in cui hai avuto successo. Cerca di ricordare questi momenti e scrivi su un pezzo di carta o nel tuo diario ciò che hai già raggiunto. Puoi sempre guardare questa lista per ricordarti di quanto sei forte e intelligente. Con tempo, probabilmente otterrai nuovi successi che potrai anche annotare sulla tua lista. Ogni volta che cominci a dubitare di te stessa, puoi consultare questa lista.

18. Dicembre

Non ho bisogno di confrontarmi con gli altri

Non ho bisogno di confrontarmi con gli altri

Franzi pensa che non c'è niente in cui sia veramente brava. L'insegnante di tedesco loda sempre Kira più di lei. Nell'ora di ginnastica, Elias salta sempre un po' più lontano di Franzi, e Jonas è sempre un po' più veloce nella corsa.

Franzi vorrebbe essere come la sua vicina Rebekka: "Rebekka è molto brava in molte cose. Canta meravigliosamente, è molto brava in matematica e suona il piano con grande talento. Quando Rebekka racconta a Franzi delle sue prove del coro e del divertimento nella lezione di matematica, Franzi a volte è un po' invidiosa.

Un giorno Franzi va a vedere Rebekka esibirsi in un coro. Franzi non vede l'ora di sentire Rebekka cantare. Ma allo spettacolo, Rebekka canta insieme a tutti gli altri, e Franzi non riesce proprio a sentirla bene. Altre due ragazze del suo gruppo hanno il permesso di cantare sempre da sole, ma Rebekka canta sempre e solo nel gruppo.

Dopo l'esibizione, abbraccia la sua vicina e si congratula con lei per il suo canto. Poi chiede: "Mi dici sempre che canti particolarmente bene, perché non ti è mai stato permesso di cantare da solo?".

"Il mio direttore di coro dice che Maria e Augustin cantano meglio nel nostro gruppo. Ma questo non significa che anch'io non sia brava. Pensi che puoi essere brava in qualcosa solo se sei più brava di tutti gli altri?" chiede Rebekka. Franzi la guarda con sorpresa. Fino ad ora aveva pensato che doveva essere la migliore per essere davvero orgogliosa della sua performance.

"C'è sempre qualcuno da qualche parte nel mondo che è un po' più bravo di te in qualcosa. Se pensi così, non sarai mai bravo in niente! È inutile confrontarsi con gli altri. Mi confronto solo con me stessa. Con come ho cantato la settimana scorsa e come ho cantato l'anno scorso. E in questo confronto canto sicuramente molto bene", dice Rebekka con soddisfazione. Forse ha ragione, pensa Franzi. Con questa considerazione, avrebbe in ogni caso anche molte cose che può fare molto bene.

19. Dicembre

Lascio andare tutto ciò che non è buono per me

Lascio andare tutto ciò che non è buono per me

Ci sono cose o persone nella tua vita che non ti fanno bene? Hobby di cui hai perso la gioia, o un'amica che continua a ferirti con il suo comportamento?

A volte troviamo molto difficile lasciare andare le cose. Perché gli altri ci dicono di tenercele strette e andare avanti. O perché abbiamo la coscienza sporca per cambiare qualcosa della nostra situazione.

Ma tu sei importante e meriti di stare bene. Tu meriti persone e cose nella tua vita che siano buone per te. Dovresti essere di buon umore, essere orgogliosa e avere bei pensieri su di te dopo un'attività di svago o un incontro con un amico.

Se noti che c'è qualcosa nella tua vita che non ti fa sentire bene, dovresti allontanarti da essa. Se non sei sicura o trovi difficile lasciarti andare, parla della tua situazione con qualcuno di cui ti fidi.

20. Dicembre

Mi è permesso piangere

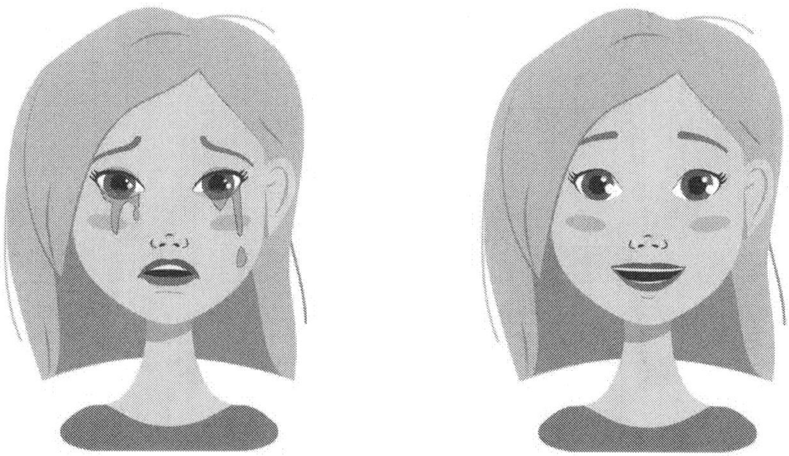

Mi è permesso piangere

Alice piange di tanto in tanto. Piange quando si fa male al parco giochi. Piange quando suo fratello è cattivo con lei. E piange quando ascolta una storia molto triste.

Una volta nel parco giochi, un'altra ragazza ha chiamato Alice "piagnona". Una volta, quando Alice pianse davanti a suo fratello, lui le disse: "Non piangere più".

Ma ad Alice spesso non importa. Quando prova dolore o grande pietà, a volte non può fare a meno di piangere. Spesso dopo si sente molto meglio. Inoltre, dimostra anche i suoi sentimenti quando è veramente felice o trova qualcosa di divertente. Se trova qualcosa di triste, vuole poter dimostrare anche quello.

A volte ha dei dubbi sul fatto che vada bene così com'è. Poi va da sua madre e si lascia abbracciare. "Alcune persone si sentono rapidamente sopraffatte quando vedono qualcuno che dimostra i propri sentimenti", dice poi sua madre.

"Ma queste persone potrebbero anche trarre beneficio dal lasciare scorrere le proprie lacrime. Va bene dimostrare i sentimenti e piangere. Non è una debolezza. Quando riveli agli altri quello che succede dentro di te, questa è una forza".

Le parole di sua madre fanno sempre bene ad Alice. Ecco perché rimane così com'è. Quando si diverte, ride, quando è felice, canta, e quando è triste, piange.

21. Dicembre

Sono la mia migliore amica

Sono la mia migliore amica

Hai una migliore amica? Allora probabilmente sai quanto è bello avere qualcuno che ti incoraggia dopo un contrattempo, ti dice qualcosa di carino o ti dà un po' di gioia.

La cosa bella è che anche tu puoi anche trattarti in questo modo. Puoi trattarti come la tua migliore amica. Questo non è un sostituto di una vera migliore amica, ma può aiutarti molto a trattarti bene.

Per esempio, puoi prestare attenzione a come parli a te stessa. Se la tua migliore amica ricevesse un brutto voto a scuola, probabilmente diresti qualcosa come "Non è così male. La prossima volta farai meglio. Puoi essere orgogliosa di quanto duramente hai studiato!". E poi la tua amica probabilmente si sentirebbe un po' meglio.

L'idea può sembrare strana, parlare da soli. Ma in realtà lo facciamo sempre nella vita, è solo che spesso non ce ne rendiamo conto. E siccome spesso non prestiamo attenzione a come parliamo a noi stessi, ad alcune persone capita di essere molto dure o poco gentili con se stesse. Se pensi sempre a quello che diresti a una buona amica, sei sull'ottima strada per parlare a te stessa usando parole molto amorevoli. In questo modo crederai sempre di più in te stessa, con il tempo, e avrai sempre più successo.

22. Dicembre

Posso determinare il mio destino

Posso determinare il mio destino

A volte accadono delle cose nella nostra vita che rendono la vita di tutti i giorni un po' più difficile. Magari hai problemi con un compagno di classe, non vai d'accordo con il tuo insegnante o sei triste perché la tua stanza non è grande come quella della tua amica.

Può succedere di avvertire la sensazione di non avere il controllo su quello che ci succede e sulle sfide che affrontiamo. Ma non devi dimenticare che sei tu a controllare il tuo destino.

A volte dobbiamo lottare un po' per uscire da una situazione spiacevole. E dobbiamo sempre fare uno sforzo per raggiungere un obiettivo che abbiamo fissato nella nostra mente. Ma non importa quanti ostacoli ci sono sulla nostra strada: è sempre possibile che la nostra vita torni ad essere di nuovo più bella e anche che i nostri sogni si realizzino. Perché tutti possiamo determinare il nostro destino.

23. Dicembre

Non mi arrendo

Non mi arrendo

Jana va a fare un'escursione oggi con i suoi genitori, la sorellina e i nonni. Oggi vuole camminare in montagna da sola per la prima volta. Per questo ha anche fatto una colazione abbondante al mattino.

Dopo un po', comincia a sentire le gambe pesanti. Ma poco dopo, gli escursionisti raggiungono una panchina e fanno una pausa.

Il gruppo vuole continuare la sua strada, ma Jana vorrebbe rimanere seduta per un po'. Sua madre le sorride e le dice: "Hai fatto tanta strada, tesoro mio. Non arrenderti, puoi farcela!".

Jana scende dalla panchina e continua a camminare, anche se la camminata ora le sembra davvero faticosa.

Ha percorso molta strada, quando improvvisamente inciampa e quasi cade. Ora non ne ha proprio voglia. Chiede a suo padre di essere portata un po' più avanti.

In quel momento, suo nonno le dà una pacca sulla spalla e dice: "Stai andando a meraviglia. La cima è vicinissima e poi hai camminato da sola su tutta la montagna. Puoi farcela!"

Jana si ricorda di nuovo che oggi voleva fare la passeggiata tutta da sola. Si raddrizza, guarda avanti e continua a camminare, un passo alla volta.

Finalmente può vedere il bar dove si stavano dirigendo. Piena di anticipazione della sua destinazione, accelera, lasciando anche i suoi genitori e i suoi nonni qualche passo indietro.

Improvvisamente il sentiero diventa di nuovo molto ripido. Mentre Jana continua a correre, suda sempre di più. "Posso farcela, non mi arrendo!" dice a se stessa questa volta a bassa voce.

Combatte per salire gli ultimi gradini ed infine è la prima del suo gruppo ad arrivare al traguardo. Mentre si gode la sua cioccolata calda al bar quel pomeriggio, si sente particolarmente orgogliosa di se stessa.

24. Dicembre

Sono meravigliosa

Sono meravigliosa

Ogni star di Hollywood, ogni dirigente d'azienda e ogni atleta di punta a volte dubita di se stesso. Pensano di non essere intelligenti, non interessanti o non belli.

Alcune persone al di fuori sono sicure di sé, ma dentro sono molto insicure. Alcune persone sono sicure di sé per la maggior parte del tempo, ma cadono in crisi quando un qualcosa non va per il verso giusto. È normale avere dubbi su se stessi a volte.

Ma anche se ci sono alcune cose della tua vita che magari non vanno alla grande, non devi dimenticare che sei fantastica. Tu sei meravigliosa, indipendentemente dai tuoi voti a scuola, se hai molti amici nella tua vita o se sei felice del tuo aspetto.

Printed by Amazon Italia Logistica S.r.l.
Torrazza Piemonte (TO), Italy

27230096R00041